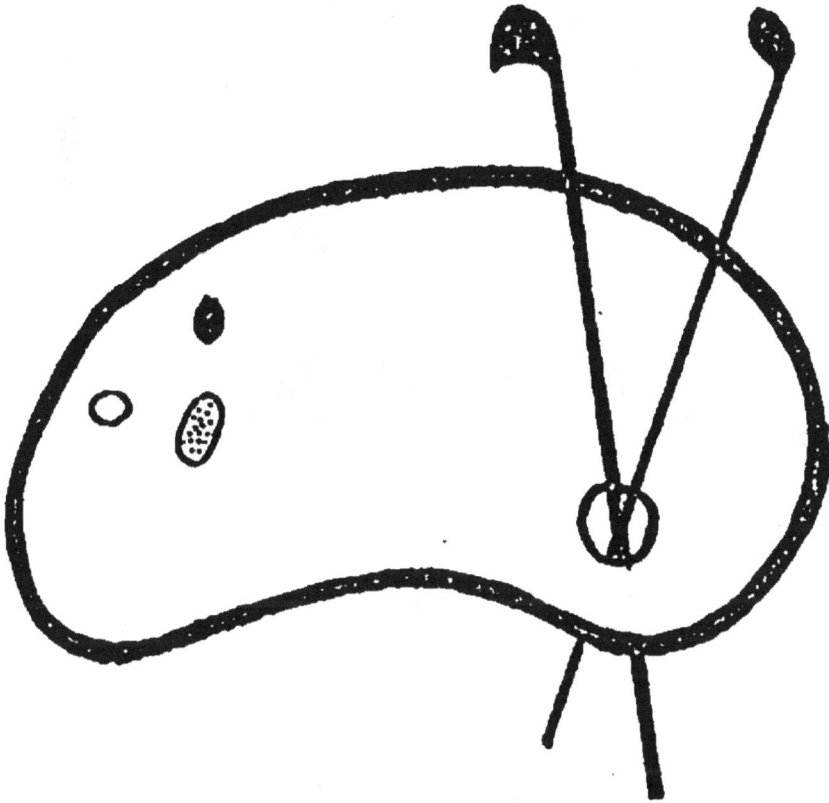

**COUVERTURE SUPERIEURE ET INFERIEURE
EN COULEUR**

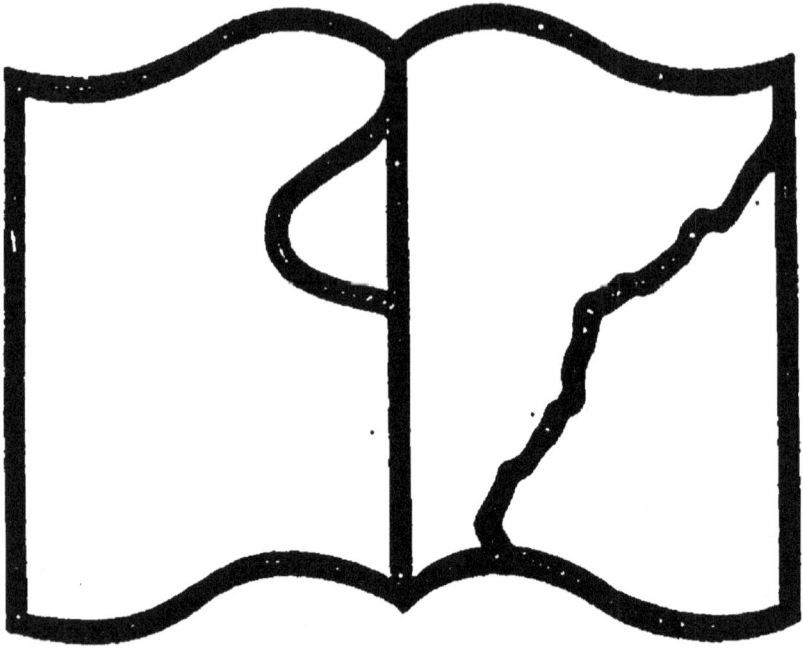

LÉGISLATION DES VINS

PAR

F. HOUDAILLE

PROFESSEUR A L'ÉCOLE D'AGRICULTURE DE MONTPELLIER,
SECRÉTAIRE DE LA SOCIÉTÉ CENTRALE D'AGRICULTURE DE L'HÉRAULT

MONTPELLIER
BOULEVARD DU PEYROU, 7 ET 9

LÉGISLATION DES VINS

PAR

F. HOUDAILLE

PROFESSEUR A L'ÉCOLE D'AGRICULTURE DE MONTPELLIER,
SECRÉTAIRE DE LA SOCIÉTÉ CENTRALE D'AGRICULTURE DE L'HÉRAULT

———— ✾ ————

naturels, ~~~·~~~

MONTPELLIER
IMPRIMERIE GROLLIER, BOULEVARD DU PEYROU, 7 ET 9

1898

LÉGISLATION DES VINS

La législation des vins a été, depuis une vingtaine
d'années, l'objet de nombreuses prescriptions, par
lesquelles le législateur s'est proposé de sauvegarder
à la fois les intérêts du producteur, du consommateur et du Trésor. L'étude des lois qui régissent actuellement la fabrication et la vente des boissons
hygiéniques et des vins en particulier, présente un
réel intérêt pour le viticulteur, qui doit connaître
aussi bien l'étendue de ses droits que la nature des
devoirs qui lui sont imposés.

Si dans les modifications qu'a subies la législation
des vins pendant ces dernières années, le viticulteur
a perdu la faculté du vinage et la liberté du plâtrage,
il a gagné, du moins, la protection de ses produits
naturels, contre la concurrence des vins étrangers et
des vins artificiels. Ce n'est qu'en prenant connaissance de l'ensemble de la législation introduite
depuis 1889, qu'il pourra évaluer exactement la
grandeur de ses gains et celle de ses pertes, et
qu'il pourra utilement juger de l'opportunité de
nouvelles modifications visant la législation des vins.

En effet, lorsqu'un nouveau projet de loi intéressant

la viticulture est mis à l'étude, il comporte presque toujours une modification des lois antérieures, en supprimant certains avantages en échange des nouveaux qu'il tend à réaliser. Là, encore, la connaissance des lois en vigueur est nécessaire pour que l'opinion du viticulteur puisse s'orienter avec sécurité, en lui permettant d'apprécier l'opportunité des modifications proposées.

La Société centrale d'Agriculture de l'Hérault a pensé qu'il serait utile pour le viticulteur de posséder un relevé des principaux articles de lois qui intéressent la législation des vins. Mais, afin de faciliter les recherches et d'atténuer, dans une certaine mesure, l'aridité du texte de ces diverses lois, nous avons cru devoir signaler, dans une courte introduction, les points principaux de cette législation, en les classant d'après la nature des opérations visées par le législateur. Le lecteur y trouvera un exposé succinct des dispositions générales, concernant la législation des points suivants : *Alcoolisation et vinage, addition au vin de divers acides, de chlorures, de matières colorantes, dégrèvement de l'impôt foncier sur les vignobles, droits de douane, législation fiscale des vins, mouillage, plâtrage, privilège des bouilleurs de cru, vins de raisins secs, vins de sucre et sucrage des vendanges.*

Nous avons parfois rappelé dans cet exposé les lois anciennes, actuellement abrogées par les nouvelles lois en vigueur, lorsqu'elles nous ont paru intéressantes pour permettre au viticulteur de comparer plus exactement les avantages de la législation ancienne avec ceux de la législation actuelle. Le lecteur impartial, se convaincra facilement que les intérêts de la viticulture sont mieux protégés actuellement par les textes de loi, qu'ils ne l'étaient autrefois ; mais il verra aussi, que s'il est facile de trouver un texte pour réprimer une fraude dans le commerce des vins, ou pour empêcher une concurrence déloyale d'un produit artificiel, il est parfois plus difficile d'en assurer la parfaite application. Comme on l'a répété bien souvent, et avec raison, il y a peut-être assez de lois pour protéger la viticulture ; mais il serait souvent utile d'en préciser l'interprétation, afin d'en assurer l'application intégrale, en faveur des intérêts qu'elles ont pour mission de défendre, et contre les abus qu'elles doivent réprimer.

DISPOSITIONS PRINCIPALES

DE LA LÉGISLATION DES VINS

Addition au vin de divers acides organiques ou minéraux

La loi du 11 juillet 1891 assimile au délit de falsification de matières alimentaires l'addition de produits tels que les acides sulfurique, nitrique, chlorhydrique, salicylique, borique ou autres analogues (Art. 2).

Addition de chlorures

La loi du 11 juillet 1891 assimile au délit de falsification de denrées alimentaires l'addition de chlorure de sodium, au-dessus de 1 gramme par litre.

Addition de matières colorantes

La circulaire de M. Dufaure (1), ministre de la justice, aux procureurs généraux, en date du 18 octobre 1876, les invite à considérer comme falsification devant être poursuivie par l'application de la loi du 27 mars 1851, toute coloration artificielle des vins, alors même qu'elle serait obtenue par des matières tinctoriales inoffensives. Elle rappelle que la loi du 5 mai 1855 a rendu applicable aux boissons artificiellement colorées, la loi du 27 mars 1851, dans le but d'élever la pénalité et d'atteindre, en même temps que le vendeur, le falsificateur et le détenteur, jusqu'alors impunis. Toutefois si la manipulation subie par le vin a pu avoir pour effet, non seulement d'en relever la couleur, mais de l'améliorer, de le conserver, de lui faire subir une transformation utile, aucune poursuite ne doit être exercée.

La loi du 11 juillet 1891 considère comme falsification de denrées alimentaires réprimées par la loi du 27 mars 1851 l'addition de matières colorantes quelconques (Art. 2).

---

(1) Document à consulter. La *coloration des vins*, par *M. Cazeneuve*. Circulaire de M. Dufaure, du 18 octobre 1876, p. 285.

L'addition de *matières colorantes* constitue essentiellement le délit de *falsification des vins*. Mais la dénomination de *vin falsifié* s'applique également aux vins additionnés d'acide *sulfurique, nitrique, chlorhydrique, salicylique, borique* ou autres analogues, aux vins *chlorurés* à plus de 1 gr. par litre.

Sont également considérés comme *vins falsifiés*, les vins étendus d'eau, dits vins *dédoublés* ou *mouillés*, les vins ordinaires *suralcoolisés*, les vins *plâtrés* au-dessus de 2 grammes, les vins *additionnés* de *saccharine*.

Alcoolisation et vinage

L'art. 91 de la loi du 28 avril 1816 portait que les eaux-de-vie versées sur les vins seraient également affranchies du droit de consommation, pourvu que la quantité employée n'excédât pas un *vingtième* de la quantité de vin soumise à cette opération, qui ne pourrait se faire qu'en présence des employés de la régie.

En 1852, le privilège énoncé dans la loi du 28 avril 1816 fut limité aux producteurs de sept (1) départements méridionaux. L'art. 21 du decret du 21 mars 1852 portait que « les eaux-de-vie versées sur les vins ne seront affranchies des droits établis sur les eaux-de-vie que dans les départements des *Pyrénées-Orientales*, de *l'Aude*, du *Tarn*, de *l'Hérault*, du *Gard*, des *Bouches-du-Rhône*, et du *Var*. La quantité ainsi employée en franchise ne devait pas

---

(1) En 1861, ce privilège fut étendu aux Alpes-Maritimes.

dépasser un maximum de 5 litres d'alcool par hectolitre de vin, et après la mixtion qui ne pouvait
être faite qu'en présence des préposés de la régie, les
vins ne devaient pas contenir plus de *18 centièmes*
d'alcool. Lorsque les vins contenaient plus de 18 centièmes d'alcool et pas au-delà de 21 centièmes, ils
étaient imposés comme vin, et payaient, en outre, les
doubles droits de consommation, d'entrée et d'octroi
pour la quantité comprise entre 18 et 21 centièmes.

L'art. 21 du décret du 17 mars 1852, portait que
les vins destinés aux pays étrangers ou aux colonies françaises pourront, dans tous les départements,
et seulement au port d'embarquement ou au point de
sortie, recevoir en franchise de droits une addition
d'alcool, supérieure au maximum déterminé plus
haut, pourvu que le mélange soit opéré en présence
des employés de la régie, et que l'embarquement ou
l'exportation ait lieu sur le champ.

Le décret du 17 mars 1852, qui donnait aux départements méridionaux le privilège du vinage, a été
supprimé par la loi de finances du 8 juin 1864.

La loi du 24 juillet 1894 prévient l'alcoolisation
des vins, en rendant les pénalités édictées par l'article
423 du code pénal, et de la loi du 27 mars 1851, applicables même dans le cas où l'addition d'alcool au
vin serait connue de l'acheteur ou du consommateur.
Cette même loi porte qu'un décret rendu sur l'avis
du comité consultatif des arts et manufactures, déterminera les caractères (1) auxquels on reconnaît les
vins *suralcoolisés*.

---

(1) Ce décret n'a pas encore été rendu. (Décembre 1897). •

Les vins de liqueur et les vins d'exportation ne tombent pas sous le coup de cette loi, et restent soumis à la législation de 1852.

Dénaturation des alcools d'industrie. — La loi du 16 décembre 1897 réduit à 3 fr. par hectolitre d'alcool pur la taxe de dénaturation, et indique les conditions dans lesquelles cette opération pourra être exécutée.

Dégrèvement de l'impôt foncier sur les nouvelles plantations de vignes

Les nouvelles plantations de vigne dans les arrondissements phylloxérés peuvent être, sur la déclaration de leurs propriétaires, exonérées de l'impôt foncier pendant quatre ans, à dater de l'année de leur plantation (Voir Art. 1 et 2, loi du 1er décembre 1887).

Le décret du 2 mai 1888 règle les conditions suivant lesquelles est accordée cette exonération de l'impôt foncier.

Droits de douane

Les droits de douane sont perçus, à l'entrée des boissons, aux frontières de la France et de l'Algérie, conformément aux indications du tarif minimum ou du tarif général résultant de l'application de la loi du 11 janvier 1892 (1).

L'application du tarif minimum aux produits étrangers résulte, soit de traités de commerce et de navigation, soit de décrets.

---

(1) Voir le tableau des tarifs de douanes applicables aux boissons alcooliques.

NUMÉROS (1)	MATIÈRES VÉGÉTALES		UNITÉS sur lesquelles portent les droits	TITRES de PERCEPTION	DROITS (Décimes et 4 p. °/₀ compris)		
					PRODUITS d'origine européenne	PRODUITS d'origine extra-européenne	
						importés directement d'un pays hors d'Europe	importés des entrepôts d'Europe
					fr. c.	fr. c.	fr. c.
	XV — Boissons						
171	Boissons fermentées	Vins provenant exclusivement de la fermentation des raisins frais	jusqu'à 11 degrés exclusivement, c'est-à-dire jusqu'à 10°9	....	11 janvier 1892	**1 20** par degré alcoolique et par hectolitre de liquide (A)	**1 20** par degré alcoolique et par hectolitre de liquide (A)	Régime indiqué ci-contre, plus **3 60** les 100 kil. B (A)
			à partir de 11 degrés inclusivement	....	idem	**1 20** par degré alcoolique et par hectolitre de liquide pour les 10 premiers degrés et paiement, par chaque degré en sus, d'une taxe de douane égale au montant du droit de consommation de l'alcool (A)	**1 20** par degré alcoolique et par hectolitre de liquide pour les 10 premiers degrés et paiement, par chaque degré en sus, d'une taxe de douane égale au montant du droit de consommation de l'alcool (A)	Régime indiqué ci-contre, plus **3 60** les 100 kil B (A)
17		Vinaigres autres que ceux de parfumerie	jusqu'à 8 degrés acétique	l'hectolitre de liquide	idem	**8 00** (A)	**8 00** (A)	**8 00** l'hectolitre (A) plus **3 60** les 100 kil. B
			au dessus de 8 deg. acétique..	l'hectolitre de liquide	idem	**1 00** par degré acétique (A)	**1 00** par degré acétique (A)	**1 00** par degré acétique (A), plus **3 60** les 100 kil. B.
172 bis		Cidre et Poiré	jusqu'à 6 degrés	....	idem	**0 70** par degré et par hectolitre de liquide (A)	**0 70** par degré et par hectolitre de liquide (A)	**0 70** par degré et par hectolitre de liquide (A), plus **3 60** les 100 kil. B.
			au dessus de 6°	....	idem	Régime de l'alcool (A)	Régime de l'alcool (A)	

(A) Non compris les taxes intérieures.
(1) Ces numéros correspondent à ceux des *notes explicatives* du tableau des droits.

NUMÉROS	MATIÈRES VÉGÉTALES		UNITÉS sur lesquelles portent les droits	TITRES de perception	DROITS (Décimes et 4 p. %, compris)
	XV. — BOISSONS				fr. c.
171	Vins provenant exclusivemen de la fermentation des raisins frais	Jusqu'à 11 degrés exclusivement, c'est-à-dire jusqu'à 10°,9.	....	11 janvier 1892	**0 70** par degré alcoolique et par hectolitre de liquide (A).
		A partir de 11 degrés exclusivement..............	....	idem	**0 70** par degré alcoolique et par hectolitre de liquide pour les 10 premiers degrés et payement, par chaque degré en sus, d'une taxe de douane égale au montant du droit de consommation de l'alcool (A).
172	Vinaigres autres que ceux de parfumerie	Jusqu'à 8 degrés acétiques......	l'hectolitre de liquide	idem	**6 00** (A)
		Au-dessus de 8 degrés acétiques..	l'hectolitre de liquide	idem	**0 75** par degré acétique (A)
172 bis	Cidre et Poiré	Jusqu'à 6 degrés..	....	idem	**0 50** par degré et par hectolitre de liquide (A).
		Au-dessus de 6 degrés..	....	idem	Régime de l'alcool (A)

(Boissons fermentées.)

(A) Non compris les taxes intérieures.

NUMÉROS	MATIÈRES VÉGÉTALES	UNITÉS sur lesquelles portent les droits	TITRES de PERCEPTION	DROITS (Décimes et 4 p. % compris)		
				PRODUITS d'origine européenne	PRODUITS d'origine extra-européenne	
					importés directement d'un pays hors d'Europe	importés des entrepôts d'Europe
				c.	fr. c.	fr. c.
	XV. — Boissons					
172 ter	Bière (fût compris, poids brut).	100 kil. B	11 janvier 1892	12 00 (A)	12 00 (A)	15 00 (A)
172 quat"	Hydromel..........	l'hectolitre de liquide	idem	20 00 (B)	20 00 (B)	20 00 l'hectolitre (B) plus 3 60 les 100 kil. (B)
173	Jus d'orange.............	....	idem	Mêmes droits que les vins (B)		
173 bis	Toutes autres boissons non dénommées	....	idem	Régime de l'alcool (B)		
174	Alcools (C) — Eaux de Vie — en bouteilles	l'hectolitre de liquide	idem	80 00 (B)	80 00 (B)	80 00 l'hectolitre (B) plus 3 60 les 100 kil. (B)
	Eaux de Vie — autrement qu'en bouteilles	l'hectolitre d'alcool pur	idem	80 00 (B)	80 00 (B)	80 00 l'hectolitre (B) plus 3 60 les 100 kil. (B)
	Autres...........	l'hectolitre d'alcool pur	idem	80 00 (B)	80 00 (B)	80 00 l'hectolitre (B) plus 3 60 les 100 kil. (B)
174 bis	Liqueurs	l'hectolitre de liquide	idem	90 00 (B)	90 00 (B)	90 00 l'hectolitre (B) plus 3 60 les 100 kil. (B)
174 ter	Pommes et poires écrasées..	100 kil. B.	idem	2 00	2 00	5 60
174 quat"	Eaux minérales (cruchons compris).	100 kil. B.	idem	Exemptes (D)	Exemptes (D)	3 60 (D)

(A) Y compris la surtaxe représentant le droit de fabrication perçu sur les bières françaises.
(B) Non compris les taxes intérieures.
(C) Les produits dans la composition ou dans la fabrication desquels il entre de l'alcool acquittent, indépendamment du droit de douane qui les concerne, les taxes intérieures sur l'alcool employé et d'après les bases déterminées par le Comité consultatif des Arts et Manufactures.
(D) A condition qu'il s'agisse d'eaux minérales dont l'importation a été autorisée (Ordonnance du 18 juin 1823).

NUMÉROS	MATIÈRES VÉGÉTALES			UNITÉS sur lesquelles portent les droits	TITRES de Perception	DROITS (Décimes et 4 p. % compris)
	XV. — BOISSONS (suite)					fr. c.
172 ter	Bière (fût compris, poids brut)............			100 kil. B..	11 janvier 1892	**9 00** (A)
172 quater	Hydromel ....}			l'hectolitre de liquide.	idem	**20 00** (B)
173	Jus d'orange........ ....}			....	idem	Mêmes droits que les vins (B)
173 bis	Toutes autres boissons non dénommées....			....	idem	Régime de l'alcool (B)
174		Eaux-de-vie	En bouteilles.........	l'hectolitre de liquide	idem	**70 00** (B)
	Alcools (2)		Autrement qu'en bout[lle]	l'hectolitre d'alcool pur	idem	**70 00** (B)
		Autres.....		l'hectolitre d'alcool pur	idem	**70 00** (B)
174 bis	Liqueurs........			l'hectolitre de liquide	idem	**80 00** (B)
174 ter	Pommes et poires écrasées.......			100 kil. B.	idem	**1 50**
174 quater	Eaux minérales (cruchons compris)............			100 kil. B.	idem	Exemptes (D)

(A) Y compris la surtaxe représentant le droit de fabrication perçu sur les bières françaises.
(B) Non compris les taxes intérieures.
(C) Les produits dans la composition ou dans la fabrication desquels il entre de l'alcool acquittent, indépendamment du droit de douane qui les concerne, les taxes intérieures sur l'alcool employé et d'après les bases déterminées par le Comité consultatif des Arts et Manufactures.
(D) A condition qu'il s'agisse d'eaux minérales dont l'importation a été autorisée (Ordonnance du 18 juin 1823). Voir la lettre commune du 13 novembre 1891, N°1900 et la circulaire N° 2645, nouvelle série.

Le tableau ci-après indique les nations qui ont droit au tarif minimum, ainsi que la date des traités et décrets qui leur ont créé le bénéfice de ce tarif.

Pays d'Europe ayant droit au tarif minimum

ALLEMAGNE.........,	Traité de Francfort du 10 mai 1871.
AUTRICHE-HONGRIE.	Convention de commerce, 18 février 1884.
	Traité de navigation, 9 mai 1884.
DANEMARK.......,	Traité de commerce et de navigation, 17 août 1742.
	Convention additionnelle, 9 février 1842.
ESPAGNE.........,	Arrangement commercial, 30 décembre 1893, 27 décembre 1894.
GRANDE BRETAGNE.,	Convention de commerce et de navigation, 28 février 1882.
MONTÉNÉGRO......,	Convention de commerce et de navigation, 30 juin 1892.
ROUMANIE.......,	Convention commerciale, 28 février 1893.
RUSSIE..........	Traité de commerce et de navigation, 1er avril 1874.
	Convention additionnelle, 17 juin 1893.
SERBIE ....:	Arrangement commercial, 5 juillet 1893.
SUISSE ...,....,....	Convention sur les rapports de voisinage, 23 février 1882, article additionnel 25 juin 1895.
TURQUIE,.........	Traité de paix, 25 juin 1892.
	Convention commerciale, 25 novembre 1838.
SUÈDE ET NORVÈGE.	Convention de commerce et de navigation, 13 janvier 1892.

Le tarif minimum est applicable à la Suisse, en vertu du décret du 16 août 1895. La Turquie, qui a droit au traitement de la nation la plus favorisée, a obtenu le tarif minimum, par décret du 30 janvier 1892.

Le tarif minimum a, en outre, été concédé par décrets, aux pays ci-après :

BELGIQUE......... Décret du 30 janvier 1892.
BULGARIE......... Décret du 30 janvier 1892.
GRÈCE........... Décret du 30 janvier 1892.
PAYS-BAS......... Décret du 30 janvier 1892.

Les pays suivants, hors de l'Europe, ont droit également au tarif minimum, par traités ou conventions de commerce : *Bolivie, Canada, Colombie, Mexique, Paraguay, Perse, République Argentine, République dominicaine, République Sud-Africaine. Russie d'Asie.*

Enfin, le tarif minimum a été concédé, par décret, aux pays suivants : *Iles Canaries, Égypte, États-Unis d'Amérique, Maroc, Possessions espagnoles de la côte du Maroc, Régence de Tripoli, Turquie d'Asie.*

Les pays d'Europe admis au tarif minimum ne bénéficient de ce tarif que pour les produits naturels ou fabriqués de leurs territoires européens. Les exceptions faites à cette règle visent la Russie, la Turquie et l'Espagne, pour certaines de leurs possessions en dehors de l'Europe.

Exemple du calcul des droits perçus à l'importation
des vins

Droits de douane perçus sur 55 hectolitres de vin à 13°9 :

1° Droit sur 55 hect. à 10° = 55 × 10 × 0,70 = 385 fr. 00
2° Droit sur les 3 degrés d'alcool excédant

$$40° = 3 × 55 × 1,5625 = 257 \quad 82$$

Droit total perçu........................... 642 fr. 82

La liquidation des droits ne porte, en aucun cas, sur les fractions de degré :

Un vin à 7°,9 paie par hectolitre 7 $\times$ 0,70 = 4 fr. 90 ; et un vin à 8°,0 paie par hectolitre 8 $\times$ 0,70 = 5 fr. 10.

Régime douanier spécial à l'Algérie

Les produits naturels ou fabriqués, originaires de l'Algérie, importés en France en droiture, sont admis en franchise.

Une exception est faite à cette règle pour le sucre, le café et autres denrées coloniales de consommation.

Les produits étrangers qui ont acquitté en Algérie l'intégralité des droits du tarif de la métropole, sont également admis en franchise dans les ports de France.

Les produits étrangers qui ont été imposés en Algérie à des droits spéciaux, ne sont passibles, à leur entrée en France, que de la différence entre les droits du tarif métropolitain et les droits acquittés en Algérie.

Les vins naturels importés en Algérie sont soumis aux mêmes droits de douane qu'en France, 1 fr. 20 et 0 fr. 70 par degré, sur les 10 premiers degrés, et 1 fr. 56 25, par chaque degré à partir de 11 degrés par hectolitre.

Indépendamment du droit de douane, les vins naturels étrangers acquittent une taxe d'*octroi de mer* de 50 centimes par degré, à partir de 10 degrés et par hectolitre (Décret du 30 décembre 1895), et une taxe de consommation de 75 centimes sur la même base (lois de finances du 26 janvier 1892 et 28 décembre 1895).

Le droit d'octroi de mer est perçu, au profit de la colonie, par le service des douanes. La taxe de consommation est recouvrée au profit de l'État. La perception est faite, par le service des douanes, pour le compte des contributions diverses.

Les vins mutés à l'alcool et les vins artificiels d'origine étrangère suivent, comme en France, le régime des *boissons non dénommées*. Au point de vue de l'octroi de mer et de la taxe intérieure, ils sont imposés au droit de l'alcool sur leur force alcoolique totale, à raison de 50 et 75 centimes par degré et par hectolitre.

Pour les vins de raisins secs, de dattes, de figues et autres vins de composition, les taxes d'État et d'octroi sont liquidées sur la force alcoolique totale *acquise* ou en *puissance*.

Les alcools, esprits, eaux-de-vie, liqueurs et fruits à l'eau-de-vie supportent également la taxe de l'octroi de mer, conformément au tableau annexé au décret du 29 décembre 1897. Ils supportent également, à titre de taxe intérieure perçue au profit de l'État, un droit de 75 fr. par hectolitre d'alcool pur (Lois du 26 janvier 1892 et 28 décembre 1895).

2

Régime douanier spécial à la Tunisie

La loi du 19 juillet 1890 apporte une modification au tarif des douanes en ce qui concerne les vins de provenance tunisienne.

La quantité de vin qui pourra être introduite en France avec la réduction consentie dans le tarif des douanes, est fixée par décret.

Le décret du 29 juin 1897 fixe à 175,000 hecto-litres la quantité de vin de raisins frais, d'origine et de provenance tunisiennes, qui pourra être admise en France, du 1er juillet 1897 au 30 juin 1898, dans les conditions de la loi sus-visée.

Les vins d'origine tunisienne, sous la réserve de la limite des quantités importées, n'acquittent à leur entrée en France qu'un droit de 0 fr. 60 par hecto-litre, si leur titre ne dépasse pas 11°,9.

Législation fiscale des vins
Droits de circulation. — Droits d'octroi
Droit de consommation

Les nombreuses prescriptions qui réglementent la circulation et la consommation des vins, ne sauraient être utilement résumées ici. Nous nous bornerons à rappeler quelques définitions et à signaler diverses sources auxquelles le lecteur pourra puiser avec profit.

Droit de circulation. — Tant que le producteur de

vin garde chez lui sa récolte, il est indemne de l'action de la régie ; mais s'il veut la déplacer, il est tenu avant tout de faire une déclaration à la régie, qui lui délivre une pièce accompagnant le transport, et variable avec la qualité de l'expéditeur et du destinataire. Ces pièces de régie sont le *passavant*, le *congé* et *l'acquit à caution*.

Passavant. — Quand le déplacement du vin a lieu dans l'intérieur du même canton ou dans une commune limitrophe du même canton, le propriétaire qui fait transporter sa boisson, soit de son pressoir, soit d'un pressoir public à ses caves, peut demander un passavant. Il en est de même du fermier qui reçoit des boissons de son propriétaire ou qui lui en remet. Lorsque le passavant peut être délivré, il dispense du paiement du droit de circulation.

Congé. — Le congé est la pièce de régie délivrée au négociant qui expédie à un consommateur n'habitant ni Paris, ni Lyon, ni une ville rédimée. Le congé accompagne également l'expédition du vin faite par un négociant à un débitant rédimé. La délivrance du congé suppose toujours le paiement du droit de circulation par l'expéditeur. Ce dernier doit, en même temps, acquitter les droits d'entrée et d'octroi, si les boissons sont expédiées dans la même localité que celle du lieu d'expédition.

Acquit à caution. — L'acquit à caution est délivré lorsque le vin est expédié soit à un marchand en gros, soit à un débitant pourvu d'une licence, c'est-à-dire non rédimé.

Le propriétaire qui veut faire transporter son vin hors du rayon dans lequel il a droit à un passavant, ou le déplacer dans l'intérieur d'une ville où il change de domicile, doit également se faire délivrer un acquit. Enfin l'acquit à caution accompagne également les boissons expédiées à destination de Paris, Lyon ou d'une ville rédimée, à destination des colonies, ou de l'étranger, ou encore des concours régionaux et expositions industrielles.

L'acquit à caution doit être déchargé au lieu de destination, sous peine par l'expéditeur du paiement du double droit pour les spiritueux, du sextuple droit pour le vin.

Le propriétaire n'est pas tenu de prendre l'acquit destiné à l'expédition de son vin. La signature de l'acquit par le propriétaire comme soumissionnaire entraîne pour lui la responsabilité de la qualité du vin après sa sortie de sa cave, en ce qui concerne le recouvrement des droits et les poursuites légales dont il pourrait être l'objet.

La délivrance des pièces de régie, passavant, congé, acquit à caution, est faite au prix de 0 fr. 50 par le Bureau de régie de la localité d'où le vin est expédié. La régie doit établir un bureau dans toutes les communes où il sera présenté un habitant solvable pouvant remplir les fonctions de buraliste.

Droit d'entrée. — Le droit d'entrée est perçu à l'entrée des villes sujettes, sur les boissons destinées à être livrées de suite à la consommation. L'acquittement de ce droit peut être différé, si les boissons

sont conduites dans un entrepôt, si elles sont introduites en passe-debout, ou si elles sont placées en
transit.

Droits d'octroi. — Les droits d'octroi perçus au
profit des villes ne peuvent dépasser pour les vins
les maxima fixés par les lois du 19 juillet 1880 et du
29 décembre 1897. Ils doivent être acquittés de
même que les droits d'entrée lors de la pénétration
du vin dans la limite d'octroi. La perception peut
toutefois être différée comme pour le droit d'entrée,
dans le cas de passe-debout, de transit ou d'entrepôt.

Droit de détail. — Le droit de détail est perçu par
la régie sur toutes les boissons autres que les bières
et les spiritueux, vendues par les débitants. Ce droit
a été fixé à 12 fr. 50 p. 0/0 du prix de vente.

Droit de consommation. — Le droit de consommation est perçu sur tous les spiritueux, liqueurs et
fruits à l'eau-de-vie, à raison de 156 fr. 25 par hectolitre d'alcool pur.

Taxe unique. — La taxe unique est celle qui remplace pour les villes dites rédimées les droits d'entrée
et de détail sur les vins. La taxe unique dispense
les débitants de l'exercice dans la ville et dans les
faubourgs, mais ne supprime pas les droits de circulation.

Taxe de remplacement. — A Paris et à Lyon cette
taxe remplace les droits de circulation, de détail, de
consommation et d'entrée. L'expéditeur doit faire

suivre sa marchandise d'un acquit à caution, qui doit être déchargé par le destinataire avant l'introduction. Celui-ci est tenu de produire l'acquit à caution et d'acquitter les taxes.

Régime fiscal des boissons alcooliques

Le régime fiscal des boissons alcooliques varie suivant la nature de ces produits. Les différents liquides extraits de la grappe du raisin peuvent essentiellement se rapporter à quatre régimes différents : celui des *vins*, celui des *alcools*, celui des *liqueurs* et celui des *sirops*. Le tableau ci-dessous indique le régime intérieur des vins suivant leur force alcoolique.

FORCE ALCOOLIQUE	TAXES INTÉRIEURES APPLICABLES
Moins de 16 degrés	Droits intérieurs du vin sur la totalité du liquide.
De 16 à 21 degrés inclusivement	Droits intérieurs du vin sur la totalité du liquide. Doubles droits de consommation, d'entrée et d'octroi, sur la quantité d'alcool à partir de 16 degrés.
Plus de 21 degrés	Simples droits de consommation, d'entrée et d'octroi de l'alcool sur la totalité du liquide.

Moût de vendange. — On entend par moût de vendange le jus de la vendange tel qu'il sort du pressoir, c'est-à-dire non fermenté, ni concentré, ni

alcoolisé, et marquant moins du 21° Baumé. Il y a
lieu de considérer comme des moûts les jus de raisin
même partiellement fermentés, dont le degré alcoolique est inférieur à 6 degrés. Au-dessus de cette
limite, les jus de raisins frais fermentés constituent
des vins.

Le tableau suivant indique le régime des moûts
de vendange :

NATURE DU MOUT	RÉGIME APPLICABLE
Moûts naturels marquant moins de 21° Baumé.	Droits des moûts de vendange.
Moûts concentrés marquant 21° B. ou plus. Alcoolisés.	Régime des liqueurs.
Moûts concentrés marquant 21° B. ou plus. Non alcoo-lisés.	Régime des sirops.

Documents à consulter. — Les droits de circulation et d'entrée, les droits de détail, la taxe unique,
sont en partie régis par la loi du 25 juin 1841. Cette
loi est précédée par les lois du *28 avril 1816,* 24 juin
1824, 12 décembre 1830, 29 mars 1832, 28 juin
1833, 24 mai 1834, 23 avril 1836. La loi du 25 juin
1841 a été suivie par celles du 11 juin 1842 (octrois),
4 août 1844 (droit de circulation), 3 juillet 1846
(taxe de remplacement), 22 juin 1848 (droit de détail). Décret du 17 mars, 25 mars, 3 mai, 4 juin
1852, 22 juin 1854, 26 juillet 1860. Décret du 3 avril
1861, loi du 8 juin 1864, du 25 février 1872, du
2 août 1872, du 21 juin 1873, du 17 juillet 1875,
19 juillet 1880, 30 mars 1888, 29 décembre 1897.

La loi du 29 décembre 1897 vise plutôt la réduction que la suppression directe des taxes d'octroi ; elle impose aux communes un remaniement des taxes perçues actuellement à leur profit, en les réduisant dans la limite des nouveaux tarifs. Cette loi appelle des modifications parallèles dans les droits perçus par l'État sur les boissons, et peut être considérée comme un premier pas vers la réforme de l'impôt des boissons. (Voir plus loin le texte de la nouvelle loi.)

OUVRAGES A CONSULTER. — *Code des contributions indirectes* ou lois organiques annotées, par MM. Saillet et Olibo, 1865.

Traité pratique des vins, publié sous la direction de M. Le Sourd, avec la collaboration de MM. Desclozeaux, Desmoulins, Delle et Ferrand.

Traité de la vigne et de ses produits par MM. Portes et Ruyssen.

Le vin et l'eau-de-vie de vin par M. De Lapparent (Voir le chapitre, Économie et législation des vins et eaux-de-vie).

Mémoires insérés dans le Bulletin de la Société centrale d'Agriculture de l'Hérault :

Des acquits à caution par M. L. Vialla. Bulletin, année 1869, p. 129.

La réforme de l'impôt des boissons par M. le Dr Cot. Bulletin de la Société, année 1890, p. 143.

Rapport sur la suppression des octrois par M. le Dr Cot. Bulletin, année 1892, p. 178.

Mouillage

La loi du 11 juillet 1891 tend à réprimer le mouillage à la cuve, en obligeant la mise en vente des produits ainsi obtenus sous la désignation de *vin de marc* ou de *vin de sucre*.

La loi du 24 juillet 1894 s'oppose au mouillage des vins, en rendant les pénalités édictées par l'article 423 du Code pénal et de la Loi du 27 mars 1851 applicables *même dans le cas où la falsification par addition d'eau serait connue de l'acheteur ou du consommateur* (Art. 1).

Plâtrage des vendanges

Dès 1880, à la suite de diverses décisions judiciaires, relatives à la vente des vins plâtrés, une circulaire de M. Cazot, ministre de la justice, faisait connaître que l'immunité absolue dont jouissaient les vins plâtrés, en vertu d'une circulaire du ministre de la justice, en date du 21 juillet 1858, ne devait plus être officiellement admise.

Quelques années plus tard, à la suite d'un rapport présenté par le Conseil d'hygiène, de nouvelles instructions du ministre de la justice aux procureurs généraux, en date du 25 septembre et 18 décembre 1890, rappelèrent que le plâtrage était assimilé au délit de falsification des denrées alimentaires, et passible des peines édictées par la loi du 27 mars 1851, .

lorsque les vins plâtrés contiennent plus de 2 grammes de sulfate par litre.

Une circulaire du ministre de la justice aux procureurs généraux, en date du 25 mars 1891, faisait toutefois connaître que les vins plâtrés à plus de 2 grammes ne pouvaient donner lieu à des poursuites lorsqu'ils étaient déposés dans les caves et magasins des *propriétaires* et des *négociants en gros*.

Une tolérance spéciale de mise en vente et de consommation est, en outre, accordée aux vins dits de liqueur, qui pourront contenir plus de 2 grammes de plâtre (1) par litre.

La loi du 11 juillet 1891 interdit formellement, par son article 3, la mise en vente, la vente ou la livraison des vins plâtrés contenant plus de 2 grammes de sulfate de potasse ou de soude par litre.

Les fûts contenant des vins plâtrés devront en porter l'indication en gros caractères. Ces dispositions aussi bien que celles de la loi du 14 août 1889, s'appliquent également aux vins d'Algérie et des colonies.

---

(1) Dans l'intention de la circulaire ministérielle, il s'agissait évidemment de 2 grammes de *sulfate de potasse* par litre.

Privilège des bouilleurs de cru

L'article 15 de la loi du 10 août 1839 définit ainsi les bouilleurs de cru (1) : sont seuls considérés comme bouilleurs de cru, et exempts à ce titre du paiement de la licence ainsi que des obligations imposées par le chapitre 6 de la loi du 28 avril 1816 : 1° les propriétaires ou fermiers qui distillent exclusivement les vins, cidres ou poirés, marcs et lies provenant de leur récolte (Art. 8 de la loi du 20 juillet 1837) ; 2° les propriétaires qui distillent exclusivement les cerises et prunes provenant de leur récolte (Art. 15, loi du 10 août 1839).

La loi de 1872 supprima le privilège des bouilleurs de cru en soumettant les propriétaires à l'exercice pour une fabrication de plus de 40 litres d'alcool. En 1874 cette tolérance de 40 litres était abaissée à 20 litres.

La loi du 14 décembre 1875 a rétabli le privilège des bouilleurs de cru en l'étendant à tous les départements (Voir: Art. 1 de la loi du 14 décembre 1875).

Vins de raisins secs et vins artificiels

Les vins artificiels sont ainsi définis dans les notes explicatives du tableau des droits de douanes, publiées par les soins du ministère des finances ;

---

(1) On lira avec intérêt dans le Bulletin de la Société centrale d'Agriculture de l'Hérault, Année 1876, p. 27, un article de M. P. Teissonnière, sous le titre : *Les Bouilleurs de cru.*

Sont considérés comme vins artificiels tous les vins qui ne résultent pas de la fermentation du raisin frais et de l'entonnage, sans addition aucune, du produit de cette fermentation (Loi du 11 janvier 1892, tableau A, N° 171, et Avis du comité consultatif du 2 mai 1883).

Ce sont notamment les *vins de composition* à la fabrication desquels le raisin n'intervient pas, ou n'intervient que pour une faible part *(vins de figues, de dattes, etc.)*, et les *vins de raisins secs.*

Les vins artificiels rentrent dans la classe des *toutes autres boissons non dénommées*, passibles du régime de l'alcool, tant au point de vue des droits de douane qu'au point de vue des taxes intérieures.

Le service des douanes ne doit donner main-levée des boissons rentrant dans les catégories énumérées ci-dessus, que sur la production des pièces établissant que les droits intérieurs afférents à l'alcool ont été payés ou garantis.

La taxe d'État et le droit d'octroi en *Algérie*, ainsi que la taxe de consommation en Corse, sont perçus sur les *vins artificiels* d'après les mêmes bases qu'en France.

La loi du 14 août 1889 exige que le produit de la fermentation des raisins secs avec de l'eau ne soit expédié, vendu ou mis en vente que sous la dénomination de vins de raisins secs.

Les fûts contenant ces vins doivent porter en gros caractères : « *Vins de raisins secs* » (voir Art. 3 et Art. 4 de la loi du 14 août 1889).

L'article 7 de la même loi assimile au délit prévu

par la loi du 27 mars 1851, l'addition de toute
matière sucrée aux vins de raisins secs. Cette addition est considérée comme falsification de denrées
alimentaires, et passible des peines édictées par la
loi du 27 mars 1851.

La loi du 26 juillet 1890 soumet au régime des
acquits à caution la circulation des vins de raisins
secs, et fixe les conditions de l'exercice de cette fabrication. Le compte général du fabricant est chargé
du produit effectif de la fabrication, sans que la prise
en charge puisse être inférieure à 3 hectolitres de vin
par 100 kilogrammes de raisins secs.

L'article 9 de cette même loi ne considère plus
comme falsification l'addition de matières sucrées
dans la fermentation des raisins secs, mais se borne
à assimiler ces produits à l'alcool, en ce qui concerne
le régime et les droits qui devront leur être appliqués.
Enfin, le second paragraphe de l'Art. 1 autorise la
libre et gratuite circulation des raisins secs, destinés
à la *consommation personnelle*.

La loi du 11 janvier 1892 et le décret du 25 janvier 1892 établissent une taxe de fabrication sur les
vins de raisins secs.

La loi du 14 novembre 1894 fixe à 25 fr. par
100 kil. au tarif minimum, et à 40 fr. au tarif général, la taxe prévue au tarif général des douanes pour
l'importation des raisins secs.

La loi du 6 avril 1897 porte que la fabrication
industrielle, la circulation et la vente des vins de
raisins secs ou autres vins artificiels sont exclues du

régime fiscal des vins, et soumises aux droits et régime de l'alcool.

La circulation des raisins secs destinés à la boisson sera suivie d'un acquit-à-caution, garantissant le paiement du droit de consommation à raison de 30 litres d'alcool par 100 kg. de raisins s'ils sont destinés aux fabricants, ou le paiement du droit de circulation à raison de 6 fr. par 100 kg s'ils sont destinés à la consommation de famille.

Vins de sucre et sucrage des vendanges

La loi du 22 juillet 1885 spécifie les conditions dans lesquelles les viticulteurs pourront bénéficier de la réduction de taxe sur les sucres qu'ils désirent employer, soit pour relever le titre de leurs vins, soit pour la fabrication de seconds vins, dits vins de marc. Les dispositions introduites dans la loi (Art. 8 et Art. 13) soumettent le propriétaire à la surveillance de la Régie, soit pour l'exécution de la formalité de la dénaturation des sucres, soit pour la justification de la mise en œuvre de sucre dénaturé.

La loi du 27 mai 1887 établit une surtaxe temporaire de 20 p. % sur les sucres destinés au sucrage des vins. Cette surtaxe est maintenue par la loi du 24 juillet 1888. Le droit, fixé à 20 fr. par 100 kgs en 1884, fut aussi porté à 24 fr. temporairement ; mais le temporaire est devenu définitif. La loi du 14 août 1889 tend à établir pour le consommateur une garantie d'authenticité des vins naturels, en obligeant le négociant ou le débitant, à faire suivre l'expédition ou la mise en vente des vins faits avec addition de sucre, de la déclaration d'origine comportant la désignation de : *vin de sucre.*

La loi du 5 août 1890 soumet à une taxe de 24 fr. par °/₀ kilogrammes (1) de sucre raffiné, les sucres de toute origine employés au sucrage des vins (Art. 2).

L'article 3 de la loi du 6 avril 1897 interdit la fabrication et la circulation, en vue de la vente, des vins de marc et des vins de sucre. Toutefois, la circulation des boissons de marc, dites piquettes, obtenues sans addition d'alcool ou de sucre est autorisée, si ces boissons sont à destination des particuliers.

---

(1) Les quantités de sucre que l'on peut employer pour relever le titre alcoolique ne peuvent dépasser, si l'addition est faite à la vendange : 20 kgs pour 3 hectolitres de vendange en première cuvée, 50 kgs pour 3 hectolitres en deuxième cuvée. Si l'addition est faite au vin, les limites sont respectivement 10 kgs et 25 kgs pour 1 hectolitre de vin.

LOIS, DÉCRETS ET CIRCULAIRES
concernant la législation des vins

Le lecteur trouvera réuni dans les pages suivantes, les textes des lois et décrets concernant la législation des vins et des boissons alcooliques. Ce texte comprend tantôt l'énoncé complet des dispositions de la loi, tantôt celui des seuls articles qui visent la législation des vins.

La lecture des considérations générales qui précèdent, permettra de retrouver facilement l'indication des lois qui concernent telle ou telle partie de cette législation. La table des matières placée en fin du travail facilitera également les recherches.

M. le Dr Cot a bien voulu m'aider des conseils de sa grande expérience pour rendre aussi complet que possible ce recueil de lois et décrets intéressant la viticulture en général, et plus spécialement, peut-être, les viticulteurs méridionaux. Je le prie de vouloir bien agréer, ici, l'expression de mes meilleurs remerciements pour les nombreuses et utiles indications qu'il m'a données pour la rédaction de ce travail.

LOI DU 27 MARS 1851
tendant à la répression plus efficace de certaines fraudes
dans la vente des marchandises

Art. 1. — Seront punis des peines portées par l'art. 423 du Code pénal : 1° ceux qui falsifieront des substances ou denrées alimentaires ou médicamenteuses destinées à être vendues ; 2° ceux qui vendront ou mettront en vente des substances ou denrées alimentaires ou médicamenteuses qu'ils sauront être falsifiées ou corrompues ; 3° ceux qui auront trompé ou tenté de tromper sur la quantité des choses livrées, les personnes auxquelles ils vendent ou achètent.......

ART. 2. — Si dans les cas prévus par l'art. 423 du Code pénal, ou par l'art. 1 de la présente loi, il s'agit d'une marchandise contenant des mixtions nuisibles à la santé, l'amende sera de 50 fr. à 500 fr., à moins que le quart des restitutions ou dommages et intérêts n'excède cette dernière somme ; l'emprisonnement sera de trois mois à deux ans. Le présent article sera applicable même au cas où la falsification nuisible serait connue de l'acheteur ou du consommateur.

ART. 5. — Les objets dont la vente, usage ou possession constitue le délit, seront confisqués conformément à l'article 423 et aux articles 477 et 483 du Code pénal. S'ils sont propres à un usage alimentaire ou médical, le Tribunal pourra les mettre à la disposition de l'Administration, pour être attribués aux établissements de bienfaisance. S'ils sont impropres à cet usage ou nuisibles, les objets seront détruits ou répandus aux frais du condamné. Le Tribunal pourra ordonner que la destruction ou effusion aura lieu devant l'établissement ou le domicile du condamné.

ART. 6. — Le Tribunal pourra ordonner l'affiche du jugement dans les lieux qu'il désignera, et son insertion intégrale ou par extrait, dans tous les journaux qu'il désignera, le tout aux frais du condamné.

ART. 8. — Les deux tiers du produit des amendes sont attribués aux communes dans lesquelles les délits auront été constatés.

ARTICLE 423 DU CODE PÉNAL
Loi du 13 mai 1863

Quiconque aura trompé l'acheteur sur le titre des matières d'or et d'argent, sur la qualité d'une pierre fausse vendue pour fine, sur *la nature de toutes les marchandises ;* quiconque par usage de faux poids ou de fausses mesures aura trompé sur la quantité des choses vendues, sera puni de *l'emprisonnement* pendant trois mois au moins, un an au plus, et d'une amende qui ne pourra excéder le quart des restitutions et dommages intérêts, ni être au-dessous de cinquante francs.

Les objets du délit ou leur valeur, s'ils appartiennent encore au vendeur, seront confisqués, et de plus seront brisés.

Le Tribunal pourra ordonner l'affiche du jugement dans les lieux qu'il désignera et son insertion intégrale ou par extrait dans tous les journaux qu'il désignera, le tout aux frais du condamné.

LOI DU 14 DÉCEMBRE 1875
relative aux bouilleurs de cru

ARTICLE UNIQUE. — Les propriétaires qui distillent les vins, marcs, cidres, prunes et cerises provenant exclusivement de leurs récoltes sont dispensés de toute déclaration préalable et sont affranchis de l'exercice.

CIRCULAIRE DU 27 JUILLET 1880
Relative au plâtrage des vins

MONSIEUR LE PROCUREUR GÉNÉRAL,

A la suite de diverses décisions judiciaires, relatives à la vente des vins plâtrés, un de mes prédécesseurs avait exprimé à M. le Ministre de l'Agriculture et du Commerce le désir que de nouvelles expériences fussent faites à l'effet d'établir si, dans l'état actuel de la science, l'immunité accordée aux vins plâtrés par la circulaire du 21 juillet 1858 pouvait être maintenue.

Saisie de l'examen de la question, le Comité consultatif d'hygiène publique de France a émis l'avis :

1° Que l'immunité absolue dont jouissent les vins plâtrés en vertu de la circulaire du Ministre de la justice, en date du 21 juillet 1858, ne doit plus être officiellement admise ;

2° Que la présence du sulfate de potasse dans les vins du commerce, qu'elle résulte du plâtrage du moût, du mélange du plâtre ou de l'acide sulfurique au vin, ou qu'elle résulte du coupage de vins non plâtrés avec des vins plâtrés, ne doit être tolérée que dans la limite maxima de 2 grammes par litre.

En portant cet avis à ma connaissance, mon Collègue de l'Agriculture et du Commerce m'informe qu'il y adhère complètement.

L'immunité résultant des dispositions précitées devra être restreinte en conséquence, c'est-à-dire qu'il y aura lieu désormais, pour les parquets, de poursuivre, en vertu des lois sur la falsification, le commerce des vins contenant une quantité de sulfate de potasse supérieure à celle de 2 grammes par litre, laquelle peut être tolérée sans danger pour la santé des consommateurs.

LOI DU 29 JUILLET 1884

Loi sur les sucres

ART. 2. « Les droits sur les sucres bruts ou raffinés de toute origine, employés au sucrage des vins, cidres et poirés, avant la fermentation, sont réduits à 20 fr. les 100 k. de sucre raffiné.

Un règlement d'administration publique déterminera préalablement les mesures applicables à l'emploi de ces sucres. »

DÉCRET DU 22 JUILLET 1885

Déterminant les conditions d'emploi des sucres bruts ou raffinés pour le sucrage des vins, cidres et poirés (1)

ART. 1er. — Les viticulteurs ou vignerons qui se proposent d'employer du sucre sous le bénéfice de la réduction de taxe accordée par l'art. 2 de la loi du 29 juillet 1884 (2), soit pour relever le degré alcoolique de la totalité ou d'une partie du vin provenant de leur récolte, soit pour utiliser les marcs de leur vendange en faisant des vins de marc, adressent à cet effet une demande écrite, individuelle ou collective, au directeur ou au sous-directeur des contributions indirectes de leur circonscription.

La même demande sera adressée par les personnes qui entendent bénéficier de la loi comme acheteur de vendanges.

---

(1) J. O., 20 juillet 1885.

(2) Les droits sur les sucres bruts ou raffinés de toute origine employés au sucrage des vins, cidres et poirés, avant la fermentation, sont réduits à 20 francs les 100 kilogrammes de sucre raffiné........ (Art. 2 de la loi du 29 juillet 1884).

Les viticulteurs et vignerons qui ne doivent employer qu'une quantité inférieure à 500 kilogrammes, et qui ne demandent pas que les opérations aient lieu au siège de leur fabrication ou de l'un d'entre eux, peuvent se borner à faire consigner leur demande sur un bordereau collectif dans un dépôt autorisé ; cette faculté n'est pas accordée aux acheteurs.

ART. 2. — Les demandes doivent être faites au plus tard quinze jours avant la récolte ; elles indiquent les nom, qualité et demeure des demandeurs, la quantité approximative de vin pour laquelle le sucrage est demandé, le poids approximatif de sucre à mettre en œuvre.

Les demandes de dénaturation à domicile contiennent, indépendamment des énonciations qui précèdent, l'indication du lieu où les négociants désirent procéder à l'opération.

ART. 5. — La dénaturation s'opère : dans les dépôts autorisés, par l'addition en mélange intime au sucre d'un poids égal ou supérieur de raisins frais foulés ; à domicile, par le versement du sucre dans les cuves de fermentation ou dans les moûts.

Si, aux jours et aux heures fixés pour l'opération à domicile, le versement dans les cuves ou dans les moûts n'est pas possible, ou si les agents ne peuvent revenir, la dénaturation peut s'opérer par le malaxage comme aux dépôts.

ART. 6. — Les quantités de sucre à employer pour relever le degré alcoolique des vins ne peuvent dépasser 20 kilog. par trois hectolitres.

Les quantités à employer pour la fabrication des vins de marc ne peuvent dépasser 50 kilogrammes pour la même quantité de vendange.

La quantité de vendange est constatée par des certificats de l'autorité municipale, qui sont remis au moment de l'opération par les récoltants.

Les acheteurs de vendanges remettent les certificats

délivrés par leurs vendeurs; ces certificats mentionnent les quantités de vendanges qui ont été cédées.

ART. 8. — Les opérations de sucrage ont lieu sous la direction et la surveillance de la régie; toutefois, si les employés ne sont pas présents aux jours et aux heures indiqués par l'Administration pour les dénaturations, soit dans les dépôts, soit à domicile, il est procédé aux opérations.

Dans le cas où il ne peut être procédé à la dénaturation à domicile, l'Administration doit en être immédiatement prévenue.

ART. 9. — Les dépositaires et producteurs sont tenus de fournir le personnel et le matériel nécessaires aux opérations.

ART. 12. — Les sucres dénaturés au dépôt ne sont admis à circuler que du lieu dans lequel a été opérée la dénaturation au domicile des producteurs, et accompagnés d'acquits-à-caution.

ART. 13. — Dans le cas où la dénaturation a été opérée par malaxage, les agents des contributions indirectes ont le droit, pendant le délai d'un mois, de se faire présenter, au domicile des producteurs, la justification de la mise en œuvre du sucre dénaturé, sous peine de non décharge de l'acquit-à-caution.

LOI DU 27 MAI 1887

Loi sur les sucres

ART. 1er. — « Une surtaxe temporaire de 20 0/0 est établie sur les sucres imposables de toute origine, y compris les sucres bruts, raffinés ou candis qui sont déclarés pour le sucrage des vins et des cidres, et sur les glucoses livrées à la consommation jusqu'au 31 décembre 1887. »

LOI DU 1er DÉCEMBRE 1887

Tendant à exonérer de l'impôt foncier les terrains nouvellement planlés en vignes dans les départements ravagés par le phylloxera.

Art. 1er. — Dans les arrondissements déclarés atteints par le phylloxera, les terrains plantés ou replantés en vignes âgés de moins de quatre ans lors de la promulgation de la loi, seront exempts de l'impôt foncier. Ils ne seront soumis à cet impôt que lorsque les vignes auront dépassé la quatrième année. Dans les arrondissements déclarés atteints ou dans ceux qui le seront postérieurement, les plantations à venir jouiront du même privilège pendant le même laps de temps.

Les dispositions qui précèdent seront indépendantes de la nature des plants et du mode de culture.

Art. 2. — Dans aucun cas, la même parcelle de terre ne pourra jouir à deux reprises de l'article précédent.

LOI DU 24 JUILLET 1888

Sur le régime des sucres

Art. 3. — Les droits sur les sucres candis, les glucoses, les sucres employés au sucrage des vins, cidres et poirés et sur les dérivés du sucre, continueront à être temporairement perçus conformément au tarif résultant de la loi du 27 mai 1887.

LOI DU 14 AOUT 1889

DITE LOI GRIFFE

Ayant pour objet d'indiquer au consommateur la nature du produit livré à la consommation sous le nom de vin, et de prévenir les fraudes dans la vente de ce produit.

Art. 1er. — Nul ne pourra expédier, vendre ou mettre en vente, sous la dénomination de vin, un produit autre que celui de la fermentation des raisins frais.

ART. 2. — Le produit de la fermentation des marcs de raisins frais avec addition de sucre et d'eau ; le mélange de ce produit avec le vin, dans quelque proportion que ce soit, ne pourra être expédié, vendu ou mis en vente que sous le nom de vin de sucre.

ART. 3. — Le produit de la fermentation des raisins secs avec de l'eau ne pourra être expédié, vendu ou mis en vente que sous la dénomination de vin de raisins secs; il en sera de même du mélange de ce produit, quelles qu'en soient les proportions, avec du vin.

ART. 4. — Les fûts ou récipients contenant des vins de sucre ou des vins de raisins secs devront porter en gros caractères : *Vin de sucre, vin de raisins secs.*

Les livres, factures, lettres de voiture, connaissements devront contenir les mêmes indications, suivant la nature du produit livré.

ART. 5. — Les titres de mouvement accompagnant les expéditions de vins, vins de sucre, vins de raisins secs devront être de couleurs spéciales.

Un arrêté ministériel règlera les détails d'application de cette disposition.

ART. 6. — En cas de contravention aux articles ci-dessus, les délinquants seront punis d'une amende de 25 francs à 500 francs et d'un emprisonnement de dix jours à trois mois.

L'article 463 du Code pénal sera applicable. En cas de récidive, la peine d'emprisonnement sera toujours prononcée.

Les tribunaux pourront ordonner, suivant la gravité des cas, l'impression dans les journaux et l'affichage, aux lieux qu'ils indiqueront, des jugements de condamnation, aux frais du condamné.

ART. 7. — Toute addition au vin, au vin de sucre, au vin de raisins secs, soit au moment de la fermentation, soit après, du produit de la fermentation ou de la distillation des figues, caroubes, fleurs de mowra, clochettes, riz, orge et autres matières sucrées, constitue la falsification des denrées alimentaires prévue par la loi du 27 mars 1851.

Les dispositions de cette loi sont applicables à ceux qui falsifient, détiennent, vendent ou mettent en vente la denrée alimentaire, sachant qu'elle est falsifiée.

La denrée alimentaire falsifiée sera confisquée, par application de l'article 5 de la dite loi.

LOI DU 19 JUILLET 1890
portant modification du Tarif Général des douanes en faveur de certains produits originaires de la Tunisie

ART. 1er. — Sont admis en franchise, à l'entrée en France, les produits d'origine et de provenance tunisiennes ci-après dénommés :

Les céréales en grains ;

Les huiles d'olive et de grignon et les grignons d'olive ;

Les animaux d'espèce chevaline, asine, mulassière, bovine, caprine et porcine ;

Les volailles mortes ou vivantes ;

Le gibier mort ou vivant.

ART. 2. — Les vins de raisins frais d'origine et de provenance tunisiennes payeront, à leur entrée en France, un droit de 0 fr. 60 par hectolitre en tant que leur titre alcoolique ne dépassera pas 11°9 ; ceux dont le titre sera supérieur à 11°9 payeront une taxe supplémentaire de 0 fr. 70 par degré.

ART. 3. — Les autres articles d'origine et de provenance tunisiennes non dénommés ci-dessus payeront, à leur entrée en France, les droits les plus favorables perçus sur les produits similaires étrangers.

ART. 4. — Sont exceptés des dispositions qui précèdent :

1° Les produits qui sont frappés de prohibition à l'entrée en France par suite de monopole, de mesure sanitaire, etc.;

2° Les denrées désignées spécialement au tableau E de la loi du 7 mai 1881.

ART. 5. — Les traitements de faveur ci-dessus accordés aux produits tunisiens, à leur entrée en France, sont subordonnés aux conditions suivantes :

A. — Les produits devront venir directement et sans escale de Tunisie en France.

B. — Ils ne pourront être expédiés que des dix ports suivants de la Régence : Tunis, la Goulette, Bizerte, Sousse, Souïssa, Monastir, Mehdia, Sfax, Gabès et Djerba. Des décrets du Gouvernement de la République pourront, s'il y avait lieu, modifier la liste de ces ports.

C. — Les produits seront accompagnés d'un certificat d'origine délivré par le contrôleur civil de la circonscription et visé au départ par un receveur des douanes de nationalité française.

L'exportation se fera à l'identique.

D. — Chaque année, des décrets du Président de la République, rendus sur les propositions des Ministres des affaires étrangères, des finances, du commerce et de l'Agriculture, détermineront, d'après les statistiques officielles fournies par le résident général, les quantités auxquelles s'appliqueront les dispositions des articles 1, 2 et 3 de la présente loi.

Les produits tunisiens dénommés aux articles 1, 2 et 3 de la présente loi devront être importés par des navires français.

LOI DU 26 JUILLET 1890

DITE LOI JAMAIS

Concernant la fabrication et l'imposition des vins de raisins secs

ART. 1er. — Les raisins secs destinés aux fabricants et entrepositaires ne peuvent circuler que munis d'acquits-à-caution garantissant le droit de fabrication (1).

---

(1) Les articles 1 et 6 sont modifiés par l'article 2 de la loi du 6 avril 1897.

Les raisins secs destinés à la consommation personnelle sont admis à circuler gratuitement en vertu de laissez-passer.

ART. 2. — Quiconque veut fabriquer des vins de raisins secs pour en faire commerce est tenu d'en faire préalablement la déclaration et de se munir d'une licence annuelle de 125 francs en principal et décimes, payable par trimestre et d'avance.

Les fabricants établis actuellement sur le territoire de la République devront faire cette déclaration dans les trois jours qui suivront la promulgation de la présente loi.

ART. 3. — Les fabriques de vins de raisins secs sont soumises aux visites des employés de l'Administration des Contributions indirectes, et placés sous le régime de la permanence.

ART. 4. — Il est ouvert à chaque fabricant :

1° Un compte de matières premières ;

2° Un compte général et un compte auxiliaire de fabrication ;

3° Un compte de produits achevés.

ART. 5. — Dans le délai de trois mois, à dater de la promulgation de la présente loi, un décret déterminera les conditions d'après lesquelles les comptes seront établis et réglés, ainsi que les diverses obligations imposées aux fabricants.

ART. 6. — Le compte général sera chargé du produit effectif de la fabrication, sans que la prise en charge puisse être inférieure à 3 hectolitres de vin par 100 kilogrammes de raisins secs.

ART. 7 (2). — Le produit sera frappé d'un droit de 40 centimes par degré de richesse alcoolique jusqu'à 10 degrés, et de 60 centimes par degré, de 10 à 15 degrés, sans que la quantité d'alcool imposée puisse être inférieure à 25 degrés par 100 kilogrammes de raisins secs.

ART. 8. — L'Administration pourra, chez les entrepositai-

_____

(2) Article annulé par l'article 1 de la loi du 6 avril 1897.

res de raisins secs en nature et sur la justification au service, allouer des déchets de magasins jusqu'à concurrence de 3 p. 0/0 des quantités prises en charge.

Art. 9. — Tous les liquides alcooliques provenant de la fermentation des raisins secs avec des figues, caroubes, dattes, orges, glucoses, mélasses et autres matières saccharifères ou similaires seront assimilés à l'alcool pour le régime et les droits qui devront leur être appliqués.

Ces substances seront suivies par la régie et prises en charge au compte des matières premières prévu par l'article 4.

Art. 10. — Les contraventions aux dispositions de la présente loi seront punies des peines édictées par l'article 7 de la loi du 21 juin 1873, sans préjudice de la confiscation des appareils saisis et du payement des droits fraudés.

Art. 11. — La présente loi est applicable à l'Algérie et aux colonies.

Art. 12. — Les droits de fabrication établis par la loi ne seront applicables qu'à partir du 15 août 1890.

LOI DU 5 AOUT 1890
sur le régime des sucres

Art. 2. — Sont soumis à une taxe de 24 francs par 100 kilogrammes de sucre raffiné, les sucres de toute origine employés au sucrage des vins, cidres et poirés.

CIRCULAIRE DU 25 MARS 1891
relative aux vins plâtrés

Monsieur le Procureur Général,

Par mes instructions du 25 septembre et du 18 décembre 1890, je vous ai fait connaître que la loi du 27 mars 1851 devrait être appliquée dès le 1er avril prochain au commerce des vins plâtrés à plus de deux grammes par litre.

Ces instructions, ainsi que je l'ai déclaré devant la Chambre des Députés, dans la séance du 12 de ce mois, en réponse à une question qui m'était adressée, doivent être entendues en ce sens que les vins ordinaires plâtrés au-delà de cette limite ne tomberont sous le coup de la loi que lorsqu'ils seront livrés à la consommation ou qu'ils seront trouvés en circulation, quelle que soit d'ailleurs leur provenance.

En conséquence, ne doivent pas donner lieu à des poursuites les vins même plâtrés à plus de deux grammes par litre qui, à la date du 1er avril 1891, se trouveraient déposés dans les caves et magasins des propriétaires ou négociants en gros.

Quant aux vins dits de liqueur, tels que le malaga, le madère, le frontignan et autres vins similaires qui sont consommés au petit verre, ils continueront à jouir de la tolérance qui est actuellement accordée à tous les vins, et, quoique contenant plus de deux grammes de plâtre par litre, ils ne devront, jusqu'à nouvelles instructions de ma chancellerie, faire l'objet d'aucune poursuite.

LOI DU 11 JUILLET 1891

DITE LOI BROUSSE

tendant à réprimer les fraudes dans la vente des vins

Art. 1er. — L'article 2 de la loi du 14 août 1889 est ainsi modifié :

« Le produit de la fermentation des marcs de raisins frais avec de l'eau, qu'il y ait ou non addition de sucre, le mélange de ce produit avec le vin, dans quelque proportion que ce soit, ne pourra être expédié, vendu ou mis en vente que sous le nom de vin de marc ou vin de sucre ».

Art. 2. — Constitue la falsification de denrées alimentaires prévue et réprimée par la loi du 27 mars 1851, toute addition au vin, au vin de sucre ou de marc, au vin de raisins secs :

1° De matières colorantes quelconques ;

2° De produits tels que les acides sulfurique, nitrique, chlorhydrique, salicylique, borique ou autres analogues ;

3° De chlorure de sodium au-dessus de un gramme par litre.

Art. 3. — Il est défendu de mettre en vente, de vendre ou de livrer des vins plâtrés contenant plus de deux grammes de sulfate de potasse ou de soude par litre ;

Les délinquants seront punis d'une amende de 16 à 500 fr. et d'un emprisonnement de six jours à trois mois, ou de l'une de ces deux peines, suivant les circonstances ;

Ces dispositions ne seront applicables aux vins de liqueurs que deux ans après la promulgation de la présente loi.

Les fûts ou récipients contenant des vins plâtrés devront en porter l'indication en gros caractères. Les livres, factures, lettres de voitures, connaissements, devront contenir la même indication.

Art. 4. — Les vins, les vins de marc ou de sucre, les vins de raisins secs seront suivis chez les marchands en gros ou en détail et chez les entrepositaires au moyen de comptes particuliers et distincts. Ils seront tenus séparément dans les magasins.

Art. 5. — Les registres de prise en charge et de décharge des acquits-à-caution et les bulletins 6 E formés pour les laissez-passer énonçant des envois supérieurs à 200 kilogrammes de raisins secs seront conservés pendant 3 ans dans les bureaux des directions et sous-directions. Ils seront communiqués sur place à tout requérant moyennant un droit de recherche de 0 fr. 50.

Les demandes de sucrage à taxe réduite faite en vue de la fabrication des vins de sucre défini par l'article 2 de la loi du 14 août 1889 sont conservées pendant 3 ans à la direction ou la sous-direction des Contributions indirectes, ainsi que les portatifs et les registres de décharge des acquits-à-caution après dénaturation des sucres. Elles sont communiquées à tout requérant moyennant un droit de recherche de 0 fr. 50 par article.

ART. 6. -- La présente loi et la loi du 14 août 1889 sont applicables à l'Algérie et aux colonies.

LOI DU 11 JANVIER 1892
Loi relative à l'établissement du tarif général des douanes
(11 janvier 1892)

ART. 12. — « Est abrogé l'article 7 de la loi du 26 juillet 1890.

Cet article est remplacé par la disposition suivante :

Un droit de fabrication sera perçu chez le fabricant à raison de 1 fr. par hectolitre de vin de raisins secs. »

DÉCRET DU 25 JANVIER 1892
Modifiant le décret du 7 octobre 1890 sur la fabrication des vins de raisins secs.

Vu la loi du 25 juillet 1890, et notamment les articles 5 et 7 de cette loi ;

Vu le décret du 7 octobre 1890, et notamment les articles 14 et 15 de ce décret ;

Vu l'article 12 de la loi de douane du 11 janvier 1892, sur le rapport du Ministre des finances,

DÉCRÈTE :

ART. 1er. — Les paragraphes 5, 6, 7 et 8 de l'article 14 du décret du 7 octobre 1890 sont abrogés et remplacés par les dispositions suivantes :

« Tout excédent sera saisi par procès-verbal et ajouté aux charges ; tout manquant de raisins·secs donnera lieu au payement :

» 1° Des droits généraux et locaux ;

» 2° De la taxe de fabrication, à raison de 1 franc par hectolitre de vin ;

» Le tout, à raison de 3 hectolitres de vin par 100 kilogrammes de raisins secs. »

ART. 2. — L'article 15 du décret du 7 octobre 1890 est abrogé et remplacé par les dispositions suivantes :

« Le compte général de fabrication est chargé, au minimum, d'une quantité de vin correspondant à la quantité de raisins secs mise en œuvre d'après les bases déterminées par l'article 6 de la loi du 26 juillet 1890.

» Les excédents au volume constatés dans les cuves de fermentation ou à l'entonnement sont ajoutés aux charges.

» Le compte général est déchargé :

» 1° Des quantités de vin, excédents compris, qui, dès l'achèvement de chaque fabrication, seront portées à l'état de produits comme passibles du droit de fabrication et seront ensuite immédiatement prises en charge au compte définitif des produits achevés ;

» 2° Des manquants constatés, soit à l'entonnement, soit en cours de fabrication, et qui auront donné lieu à la constatation immédiate : (a) des droits généraux et locaux ; (b) de la taxe spéciale de fabrication ;

» 3° Enfin des pertes matérielles dûment constatées. »

ART. 3. — Le Ministre des finances est chargé de l'exécution du présent décret, qui sera publié au Journal Officiel et inséré au Bulletin des lois.

LOI DU 14 NOVEMBRE 1894

portant modification du tarif général des douanes concernant
les fruits secs, etc.

ARTICLE UNIQUE. — Le tableau A du tarif général des
douanes est modifié de la manière suivante :

Mettre après le N° 87 un N° 87 (bis), ainsi conçu :

	TARIF	
	général	minimum
	francs	francs
N° 87 (bis). — Raisins secs, figues et dattes destinés exclusivement à la distillerie ou à la fabrication du vin......................	40	25

LOI DU 24 JUILLET 1894

Relative aux fraudes commises dans la vente des vins
(alcoolisation et mouillage)

ART. 1er. — L'article 1er de la loi du 5 mai 1855 est com-
plété ainsi qu'il suit :

« Si dans les cas prévus par les paragraphes 1er et 2e de
l'article 1er de la loi du 27 mars 1851 il s'agit de vin additionné d'eau, les pénalités édictées par l'article 423 du Code
pénal et de la loi du 27 mars 1851, seront applicables même
dans le cas où la falsification par addition d'eau serait
connue de l'acheteur ou du consommateur. »

Cette disposition n'entrera toutefois en vigueur qu'un
mois après la promulgation de la présente loi.

ART. 2. — Toutes les dispositions contenues dans l'article
précédent s'appliqueront lorsqu'il s'agira de vin additionné
d'alcool.

Il n'est rien changé à la législation existante en ce qui
touche les vins dits de liqueur et les vins destinés à l'exportation.   4

Un décret rendu sur l'avis du comité consultatif des arts et manufactures déterminera les caractères auxquels on reconnaît les vins suralcoolisés.

LOI DU 6 AVRIL 1897
concernant la fabrication, la circulation et la vente des vins artificiels

Art. 1er. — La fabrication industrielle, la circulation et la vente des vins de raisins secs ou autres vins artificiels, à l'exception des vins de liqueurs et mousseux, des vins de marc ou de sucre régis par l'article 3, sont exclues du régime fiscal des vins et soumises aux droits et régime de l'alcool pour leur richesse alcoolique totale acquise ou en puissance.

Art. 2. — Les raisins secs à boisson ne pourront circuler qu'en vertu d'acquits-à-caution garantissant le payement du droit général de consommation à raison de 30 litres d'alcool par 100 kilogrammes s'ils sont à destination des fabricants, et le payement des droits de circulation à raison de 6 francs par 100 kilogrammes s'ils sont à destination des particuliers pour leur consommation de famille.

Art. 3. — La fabrication et la circulation en vue de la vente, des vins de marc et des vins de sucre sont interdites ;

Cette interdiction est applicable aux cidres et poirés produits autrement que par la fermentation des pommes et poires fraîches, avec ou sans sucrage ;

La détention, à un titre quelconque, des vins, cidres et poirés, est interdite à tout négociant, entrepositaire ou débitant de liquides ;

Les boissons de cidre d'un degré alcoolique inférieur à trois degrés ne seront pas comprises dans cette interdiction.

La détention visée par le paragraphe 3 du présent article n'est pas interdite lorsqu'elle n'a pas lieu en vue de la vente.

La circulation des boissons de marc, dites piquettes, provenant de l'épuisement des marcs par l'eau, sans addition d'alcool, de sucre ou de matières sucrées, est autorisée si ces boissons sont à destination de particuliers pour consommation familiale ; elles ne seront soumises qu'à un droit de circulation de 1 franc par hectolitre.

ART. 4. — Seront punies des peines portées à l'article 1er de la loi du 28 février 1872 :

1° Toute infraction aux dispositions des articles 1, 2 et 3 de la présente loi ;

2° Toute déclaration d'enlèvement de boissons faite sous un nom supposé, ou sous le nom d'un tiers sans son consentement, et toute déclaration ayant pour but de simuler un enlèvement de boissons non effectivement réalisé.

ART. 5. — Les dispositions de l'article 463 du code pénal sont applicables aux infractions de la présente loi.

ART. 6. — La présente loi est applicable en Algérie et dans les colonies.

LOI DU 16 DÉCEMBRE 1897

Relative au régime fiscal des alcools dénaturés et à diverses mesures concernant les alcools

ART. 1er. — La taxe de dénaturation est réduite à 3 francs (décimes compris) par hectolitre d'alcool pur.

A partir du 1er janvier qui suivra la promulgation de la présente loi, les tarifs d'octroi sur l'alcool dénaturé seront ramenés de plein droit dans les limites fixées par l'article 4 de la loi du 2 août 1872.

ART. 2. — Le bénéfice de la taxe de dénaturation n'est acquis qu'aux alcools dénaturés soit dans l'établissement même où ils ont été produits, soit dans tout autre établissement dont les installations en vue de la dénaturation auront été agréées par l'Administration.

Le règlement d'administration publique, prévu à l'art. 6,

déterminera les conditions de la surveillance à laquelle ces divers établissements seront soumis.

Les alcools qui y seront expédiés pour y être dénaturés, seront placés sous le plomb de la régie.

ART. 3. — La dénaturation a lieu sous la surveillance du service des Contributions indirectes.

La quantité minima sur laquelle devra porter chaque opération, sera déterminée pour chaque industrie par le règlement rendu pour l'exécution de la présente loi.

Les dénaturants sont fournis par l'Etat ; des décisions du Ministre des finances déterminent le procédé général de dénaturation et fixent le prix de vente des dénaturants dans la limite du prix de revient, augmenté des frais de manipulation et de transport.

Toutefois, lorsque la nature de l'industrie ne permettra pas l'emploi de l'alcool dénaturé par la formule générale, des décisions du Ministre rendues sur l'avis du comité consultatif des arts et manufactures détermineront des formules spéciales de dénaturation et dispenseront de l'obligation de se servir des dénaturants fournis par l'Etat.

ART. 4. — Le bénéfice du tarif réduit établi par l'article 1er n'est acquis que sous les conditions ci-après :

1° Les industriels qui dénaturent l'alcool et les commerçants qui vendent l'alcool dénaturé doivent être pourvus d'une autorisation personnelle donnée par la régie ; cette autorisation est renouvelable annuellement, et peut toujours être révoquée ;

2° Ils sont tenus d'inscrire leurs opérations, ainsi que leurs réceptions et livraisons au moment où ils y procèdent, sur un livre qui reste à la disposition du service ; les employés supérieurs ont, en outre, le droit d'examiner leurs livres de commerce.

Dans les industries où, au cours des manipulations, l'alcool disparaît ou est transformé, les intéressés peuvent être affranchis des obligations mentionnées au deuxième paragraphe, moyennant l'engagement de supporter les frais d'une surveillance dont l'organisation sera déterminée par le règlement prévu à l'article 6.

Les quantités d'alcool dénaturé que les marchands en gros et au détail peuvent recevoir, détenir ou livrer seront déterminées par le même règlement.

ART. 5. — Sont assimilés, au point de vue fiscal, à l'alcool éthylique, les alcools méthyliques ou autres, susceptibles d'être consommés comme boissons en nature ou après mélanges. Le comité consultatif des arts et manufactures déterminera ceux de ces produits qui, par leur degré d'impureté ou leurs caractères spécifiques, devront être considérés comme impropres à la consommation et exempts de frais d'exercice et de dénaturation.

Tout mélange de l'alcool méthylique à l'alcool éthylique dans les boissons est interdit.

ART. 6. — Un règlement d'administration publique déterminera les conditions particulières auxquelles sera soumis l'emploi de l'alcool dénaturé dans chaque industrie et toutes les mesures d'application de la présente loi.

ART. 7. — Les expéditeurs d'alcool, lorsqu'il s'agit de chargements supérieurs à un hectolitre d'alcool pur, sont tenus d'ajouter à leurs déclarations la désignation de la taxe et du poids brut de chaque fût déclaré avec le numéro du fût en regard, ainsi que la température à laquelle le degré alcoolique aura été constaté.

La pièce de régie qui accompagne la marchandise devra reproduire ces indications.

ART. 8. — Lorsque le chargement dépassera l'hectolitre en alcool pur pour les spiritueux, la régie exigera que l'acquit-à-caution délivré pour accompagner le chargement soit visé en cours de transport à un ou plusieurs bureaux des contributions indirectes, des douanes ou de l'octroi. Le défaut d'accomplissement de cette obligation entraînera la non-décharge de l'acquit-à-caution.

La déclaration d'enlèvement devra être faite au moins deux heures à l'avance, et le service pourra apposer une vignette ou un scellement qui, sous les peines portées à l'article 1er de la loi du 28 février 1872, devra être présenté intact à l'arrivée.

Seront punies des mêmes peines toute déclaration d'enlèvement faite sous un nom supposé ou sous le nom d'un tiers sans son consentement, toute déclaration ayant pour but de simuler un enlèvement non effectivement réalisé.

Art. 9. — La contenance des réservoirs d'une capacité supérieure à 10 hectolitres destinés au transport de l'alcool sur les voies ferrées ou par bâteaux, devra être déclarée au bureau de la régie et gravée ou peinte d'une manière apparente, sur chacun d'eux, avant qu'il puisse en être fait usage. Cette contenance sera mesurée dans les conditions déterminées par les articles 117 et 118 de la loi du 28 avril 1816.

Art. 10. — En ce qui concerne les alcools logés dans des récipients autres que les fûts en bois, la déduction allouée par l'article 1er du décret du 4 décembre 1872 est fixée à 3 p. 0/0.

Quand les déchets résultant de la fabrication des extraits alcooliques, de liqueurs et de la préparation de fruits à l'eau-de-vie ne sont pas couverts par la déduction ordinaire pour ouillage, coulage, soutirage ou affaiblissement de degré, les liquoristes et marchands en gros et les fabricants d'eau de senteur obtiennent à cet égard un supplément de déduction.

Ce supplément est réglé, lors de chaque recensement, dans la limite de 3 p. 0/0 des quantités d'alcool afférentes aux extraits alcooliques, aux liqueurs et aux fruits ou jus de fruits à l'eau-de-vie, fabriqués par distillation ou par infusion depuis le recensement précédent.

Les dispositions qui précèdent sont applicables aux fabricants de bitters, d'absinthes et de produits similaires et analogues.

Les fabrications des industriels doivent, à cet effet, être précédées de déclarations et sont suivies à des comptes distincts.

Le régime de l'admission temporaire créé par l'article 5 de la loi du 5 juillet 1836, sera rendu applicable, en ce qui concerne les droits intérieurs, généraux et locaux , aux eaux-de-vie, esprits et autres alcools de toute origine introduits dans Paris pour y être transformés en spiritueux composés. Les négociants admis au bénéfice de ce régime auront droit à des déductions pour ouillage, coulage, affaiblissement de degré et déchets de fabrication.

Un règlement d'administration publique déterminera les conditions d'application du présent article et des articles 7, 8 et 9.

ART. 11. — Toute revivification ou tentative de revivification d'alcools dénaturés, toute manœuvre ayant pour objet soit de détourner des alcools dénaturés ou présentés à la dénaturation, soit de faire accepter à la dénaturation des alcools déjà dénaturés, toute vente ou détention de spiritueux dans la préparation desquels seront entrés des alcools dénaturés ou des mélanges d'alcool éthylique et méthylique, sont punies d'un emprisonnement de six jours à six mois et d'une amende de 5,000 à 10,000 francs.

Les autres contraventions aux dispositions de la présente loi ou du décret rendu pour son exécution sont punies d'une amende de 500 à 5,000 francs;

Le tout sans préjudice du remboursement des droits fraudés et de la confiscation des appareils et liquides saisis;

En cas de récidive, l'amende sera doublée;

Les mêmes peines seront applicables à toute personne convaincue d'avoir facilité la fraude ou procuré sciemment les moyens de la commettre ;

Les pénalités édictées par les articles 11 et 12 de la loi du 21 juin 1873, soit contre les auteurs principaux, soit contre les complices, sont applicables aux fraudes commises dans les distilleries à l'aide de souterrains ou tout autre moyen d'adduction ou de transport dissimulé de l'alcool.

DÉCRET DU 24 DÉCEMBRE 1897

relatif à la perception de l'octroi municipal de mer en Algérie

(Inséré au *Journal officiel* du 29 décembre 1897)

LE PRÉSIDENT DE LA RÉPUBLIQUE FRANÇAISE,

Sur le rapport des Ministres des finances et de l'intérieur,

Vu l'article 4 de l'ordonnance du 22 juillet 1834, l'article 5 de la loi du 4 août 1844, les articles 41 et 42 de l'ordonnance du 28 septembre 1847 et l'article 166 de la loi du 5 avril 1884 ;

Vu l'ordonnance du 21 décembre 1844 instituant en Algérie un octroi municipal de mer ;

Vu les décrets des 26 décembre 1884, 26 juin et 22 décembre 1887, 23 décembre 1890, 10 janvier et 16 août 1894, 30 décembre 1895, 16 août et 3 septembre 1897 relatifs au dit octroi ;

Vu l'article 32 de la loi de finances du 26 janvier 1892 établissant un droit de consommation au profit du Trésor public, additionnel au droit sur l'alcool perçu à l'octroi de mer en Algérie ;

Vu les articles 18 et 19 de la loi de finances du 28 décembre 1895 portant : le premier, surélevation du droit de consommation ; le second, établissement d'un droit de fabrication sur les spiritueux composés ;

Vu les lois et règlements sur les octrois de la métropole ;

Vu le décret du 31 décembre 1896 portant réorganisation de la haute administration de l'Algérie ;

Vu l'avis du Gouverneur général de l'Algérie ;

Le Conseil d'Etat entendu,

DÉCRÈTE :

ART. 1er. — A partir du 1er janvier 1898 et jusqu'au 31 décembre 1900 inclusivement, l'octroi municipal de mer de

---

* Voir la circulaire transmissive du 29 décembre 1897, n° 2868.

l'Algérie sera perçu conformément au tarif annexé au

DÉSIGNATION DES PRODUITS	UNITÉS de PERCEPTION	QUOTITÉ des DROITS
		francs
Cafés......................................	Les 100 kil.	30 00
Glucoses..................................	—	10 00
Sucres bruts et vergeoises.................	—	15 00
Sucres raffinés...........................	—	20 00
Chicorée moulue...........................	—	5 00
Thé.......................................	—	25 00
Poivre....................................	—	35 00
Marrons, châtaignes et leurs farines.......	—	5 00
Cannelle et cassia lignea..................	—	45 00
Muscades, macis et vanilles...............	—	100 00
Clous et griffes de girofle................	—	40 00
Huiles minérales..........................	—	5 00
Alcools		
Alcool pur contenu dans les eaux-de-vie et esprits en cercles, eaux-de-vie et esprits en bouteilles, liqueurs et fruits à l'eau-de-vie.	L'hectolitre	50 00
Alcool pur contenu dans les vins de composition, les vins de raisins secs, les vins mutés à l'alcool.....................	—	50 00
Alcool pur excédant 15°9 contenu dans les vins......................................	—	50 00
Alcool pur contenu dans les eaux distillées alcooliques, les parfumeries alcooliques et tous autres produits retenant de l'alcool à l'état de mélange......................	—	50 00
Alcool employé à la préparation des médicaments, produits chimiques et autres produits obtenus au moyen de la dénaturation de l'alcool, y compris les vernis fabriqués avec de l'alcool dénaturé en présence du service, mais à l'exception des amorces au fulminate de mercure importées par l'Administration de la guerre (droits à percevoir suivant les proportions fixées par le tarif des douanes et dans les conditions déterminées par le décret du 16 août 1897)....	--	12 00
Bières....................................	—	5 00

Pour ampliation :
Le Conseiller d'Etat, Directeur général des Douanes,
Signé : G. PALLAIN.

présent décret et aux dispositions réglementaires résultant des décrets susvisés.

ART. 2. — Les Ministres des finances et de l'intérieur sont chargés, chacun en ce qui le concerne, de l'exécution du présent décret, qui sera inséré au *Journal officiel* et publié au *Bulletin des lois* et au *Bulletin officiel* du gouvernement général de l'Algérie.

Fait à Paris le 24 décembre 1897.

Signé : FÉLIX FAURE.

Par le Président de la République :

Le Ministre des finances,   Le Ministre de l'intérieur,
Signé : GEORGES COCHERY.   Signé : LOUIS BARTHOU.

LOI DU 29 DÉCEMBRE 1897

*Loi relative à la suppression des taxes d'octroi
sur les boissons hygiéniques.*

SUPPRESSION DES OCTROIS

ART. 1er. — Les communes seront autorisées à supprimer leurs droits d'octroi sur les boissons hygiéniques (vins, cidres, poirés, hydromels, bières et eaux minérales), à partir du 31 décembre de l'année qui suivra celle au cours de laquelle la présente loi sera promulguée.

A défaut de suppression totale, les communes seront obligées d'abaisser les droits existants dans la limite des tarifs prévus par l'article 2.

ART. 2. — Dans les communes qui continueront à imposer les boissons hygiéniques, les droits ne pourront excéder le tarif suivant :

POPULATION AGGLOMÉRÉE des communes	VINS en cercle et en bouteilles		CIDRES, POIRÉS hydromels et eaux minérales	
	f.	c.	f.	c.
De moins do 6,000 habitants..	0	55	0	35
De 6,001 à 10,000 habitants...	0	85	0	50
De 10,001 à 15,000 habitants..	1	15	0	60
De 15,001 à 20,000 habitants..	1	40	0	85
De 20,001 à 30,000 habitants..	1	70	0	95
De 30,001 à 50,000 habitants..	2	»	1	15
De 50,001 hab^ts et au-desssus.	2	25	1	25
Paris	4	»	1	50

En ce qui concerne les bières, le maximum du droit imposable est fixé à 5 francs, sauf dans les départements ci-après : Aisne, Ardennes, Nord, Pas-de-Calais et Somme, où le maximum ne pourra dépasser 1 fr. 50 cent. par hectolitre.

Pour les vins titrant plus de 15°, il n'est pas dérogé aux dispositions de l'article 3 de la loi du 1er septembre 1871.

TAXES DE REMPLACEMENT

Art. 3. — Pour remplacer les produits des taxes supprimées, les communes pourront avoir recours aux taxes prévues dans l'article 4 ou demander l'établissement de taxes spéciales dans les conditions spécifiées à l'article 5.

Art. 4. — Les taxes auxquelles les communes peuvent, en vertu de l'article précédent, recourir sous la seule réserve de l'approbation préfectorale, sont les suivantes :

1° Élévation du droit sur l'alcool jusqu'au double des droits d'entrée, décimes compris. Pour la ville de Paris le droit pourra être en addition du droit actuel de 24 fr. augmenté de 85 fr. 20

Dans les communes d'une population agglomérée inférieure à 4000 âmes, le tarif d'octroi ne pourra pas dépasser le maximum applicable aux villes de 4000 à 6000 âmes.

Une loi pourra autoriser des taxes supérieures.

2° Etablissement à la charge des commerçants de boissons en addition du droit de licence perçu pour le compte du Trésor, d'une licence municipale composée d'un droit fixe, qui pourra comporter deux tarifs suivant que les établissements de commerçants de boissons vendent exclusivement des boissons hygiéniques ou des alcools avec ou sans boissons hygiéniques, et d'un droit proportionnel basé sur la valeur locative de l'ensemble des locaux occupés. Lorsque le commerce des boissons sera exercé cumulativement avec un autre commerce ou industrie, les locaux exclusivement occupés par ce dernier commerce ou cette dernière industrie seront exempts du droit proportionnel. Un règlement d'administration publique déterminera les conditions dans lesquelles la dite taxe sera assise et perçue.

3° Perception d'une taxe maxima de 0 fr. 30 par bouteille sur tous les vins en bouteilles, qui ne se cumulera pas avec celle applicable aux vins en cercles.

4° Création de taxes égales, au maximum, aux taxes en principal établies, déduction faite des majorations résultant des pénalités ;

a. Sur les chevaux, mules et mulets, voitures, voitures automobiles.

Les personnes ayant plusieurs résidences sont, pour les chevaux, voitures, voitures automobiles, mules et mulets qui les suivent habituellement à Paris, passibles des dites taxes en cette ville, nonobstant les dispositions de l'article 10 de la loi du 2 juillet 1862 ;

b. Sur les billards publics et privés ;

c. Sur les cercles, sociétés et lieux de réunion ;

d. Sur les chiens.

5° Enfin, les communes pourront établir, dans les conditions de l'article 133 de la loi du 5 avril 1884, des centimes additionnels dont le chiffre ne pourra pas dépasser vingt.

ART. 5. — Les communes pourront également pourvoir au remplacement de leurs taxes d'octroi, en établissant, selon les formes et conditions prévues par l'article 137 de la loi du 5 avril 1884, et sous réserve de l'approbation législative, des taxes proportionnelles directes ou indirectes. Les taxes directes ne seront prélevées que sur les propriétés ou objets situés dans la commune ; elles s'appliqueront à toutes les propriétés ou à tous les objets de même nature ; elles seront proportionnelles.

REVISION DE TARIFS

ART. 6. — Tous les tarifs d'octroi sur les boissons hygiéniques seront en conséquence revisés dans un délai de deux ans à partir du 1er janvier qui suivra la promulgation de la présente loi, ou, s'ils viennent à expiration avant ce délai, à la fin de la période pour laquelle ils ont été approuvés.

Toutefois, les communes dont les tarifs expireront dans l'année qui suivra la promulgation de la loi, auront un délai d'un an, à partir du 1er janvier suivant, pour ramener les dites taxes au maximum fixé par les articles précédents et voter, s'il y a lieu, les taxes de remplacement.

Lorsque les taxes de remplacement autorisées dépasseront le montant du dégrèvement total sur les boissons hygiéniques, l'excédent pourra être employé au dégrèvement d'autres objets soumis au tarif d'octroi.

ART. 7. — Les communes qui, actuellement, ne perçoivent pas de taxes d'octroi sur les vins, cidres, poirés, hydromels, bières et eaux minérales pourront être autorisées à établir un droit de licence municipale ou à percevoir des taxes sur l'alcool, conformément aux dispositions de l'article 4 de la présente loi.

ART. 8. — A partir de la promulgation de la présente loi, il ne pourra plus être établi de taxes d'octroi sur les vins, cidres, poirés et hydromels, sur les bières et sur les eaux minérales, dans les villes où il n'en existe pas aujourd'hui, et ces taxes, dans les villes où elles existent, ne pourront pas être surélevées.

Toutefois, dans des cas exceptionnels, sur la demande des conseils municipaux et en vertu des décrets rendus en Conseil d'État, les communes dont les tarifs actuels sur les boissons hygiéniques n'atteignent pas le maximum prévu par la présente loi, pourront être autorisées à les porter à ce maximum.

Dans les villes à octroi, qui, au point de vue du Trésor, sont actuellement comprises dans la troisième classe, les surtaxes actuelles pourront, dans les conditions de l'art. 137 de la loi de 1884, être maintenues en vertu de lois spéciales pour des périodes qui ne dépasseront pas cinq ans.

ART. 9. — Les villes qui suppriment leurs droits d'octroi sur les boissons hygiéniques obtiendront, dans les conditions indiquées par l'article 10 de l'ordonnance du 5 août 1818, pour le payement des frais de casernement, une réduction égale, pour chaque homme de troupe, au montant des droits dégrevés, en prenant pour base les deux tiers du taux de la consommation moyenne de la population soumise à l'octroi.

TABLE

—